CHANTS ÉVANGÉLIQUES

EXTRAITS DU RECUEIL DES

CANTIQUES CHRÉTIENS

(D'APRÈS LA 10ᵉ ÉDITION)

CANTIQUE 1.* (RHYTHME 2.)

1. Écoutez tous une bonne nouvelle,
C'est pour sauver que Jésus-Christ est mort.
Qui croit au Fils à la vie éternelle ;
Notre salut est un don du Dieu fort. *(bis)*

2. Redis, ô Dieu, cette douce parole,
Dont ton Esprit a réjoui mon cœur ;
Rien ne me calme et rien ne me console
Que de savoir que Christ est mon Sauveur. *(bis)*

3. Ah ! je n'osais dans ma grande misère,
Dieu juste et saint ! même te supplier ;
Mais tu me dis : Appelle-moi ton Père !
Et c'est : Abba ! que j'apprends à crier. *(bis)*

4. Aux doux concerts de tes saints, de tes anges,
Désormais donc, Seigneur, je veux m'unir.
Dans leurs transports ils chantent tes louanges :
Heureux comme eux, comme eux je dois bénir. *(bis)*

5. Et quand Satan, jaloux de ta puissance,
Voudra troubler mon bonheur et ma foi,
Et du pardon m'enlever l'assurance,
Redis, ô Dieu : Jésus est mort pour toi ! *(bis)*

CANTIQUE 2. (RHYTHME 2.)

1. Reviens, pécheur, à ton Dieu qui t'appelle,
Viens au plus tôt te ranger sous sa loi,

Tu n'as été que trop longtemps rebelle,
Reviens à lui, puisqu'il revient à toi.

2. Dans tes écarts sa voix s'est fait entendre ;
Sans se lasser partout il te poursuit ;
D'un Roi, d'un Dieu, de l'ami le plus tendre,
Le cœur te cherche, et ton âme le fuit !

3. En Jésus-Christ il t'a donné le gage
De ton pardon, de son amour constant ;
A-t-il pour toi pu faire davantage ?
A-t-il pour toi dû même faire autant ?

4. Ta courte vie est un songe qui passe,
Et de ta mort le jour est incertain ;
Ce bon Sauveur, qui te promet sa grâce,
A-t-il jamais promis le lendemain ?

CANTIQUE 5. (Rhythme 5.)

1. Sortez, sortez, pécheurs, de la nuit déplorable
Qui vous tenait plongés dans un fatal sommeil ;
De plus beaux jours renaît la clarté favorable,
Le salut s'offre à vous, hâtez votre réveil ! *(bis)*

2. Le Christ en ces beaux jours de grâce et de lumière,
De sa miséricorde étale tous les traits ;
Son amour immortel offre à la terre entière
Et ses plus riches dons et ses plus doux attraits. *(bis)*

3. Le sang qu'il a versé pour la rançon du monde
N'a point perdu son prix, sa force, sa valeur,
Et pour vous coule encore cette source féconde
Qui de tous les forfaits efface la noirceur. *(bis)*

4. Qu'il est doux, qu'il est bon, le Dieu qui nous pardonne !
Il change en saints transports tous nos gémissements ;
Il fait plus, dans ces jours, il nous offre, il nous donne
Son Esprit, son amour, sa paix à tous moments *(bis.)*

5. Aux grâces du Seigneur ne soyons plus rebelles ;
Courons, volons à lui, puisqu'il nous tend les bras ;
Peut-être, hélas ! un jour, trop longtemps infidèles,
Pourrions-nous le chercher et ne le trouver pas ! *(bis)*

CANTIQUE 7. (Rhythme 7.)

1. Oh! qu'est heureux l'homme sincère,
   Qui t'aime, ô Dieu, de tout son cœur!
   Son âme en toi trouve son Père.
   Son Rédempteur, son Roi, son Frère,
   Et son puissant Consolateur.

2. Quel vrai repos charme sa vie!
   Quel ferme espoir soutient sa foi!
   En toi, Seigneur, il se confie,
   Et sa douleur est adoucie,
   Et tout lui sourit devant toi.

3. Dans son chemin tu l'encourages
   Et pas à pas ton œil le suit;
   Est-il souffrant, tu le soulages,
   Est-il lassé, vers tes ombrages
   Ta main le tourne et le conduit.

4. Je suis à toi, Sauveur fidèle!
   Tu m'as aimé jusqu'à la croix;
   Tu me connais, ta voix m'appelle,
   Ah! je veux donc, rempli de zèle,
   Suivre toujours tes saintes lois.

CANTIQUE 11. (Rhythme 1.)

1. Oh! que ton service est aimable,
   Seigneur, mon Dieu, mon Rédempteur!
   Oh! qu'il m'est cher et désirable!
   Il est ma joie et ma douceur.
   Mon âme ici, dans le silence,
   En t'adorant, trouve ta paix,
   Et ton Esprit, de ta présence
   Me fait sentir les saints effets.

2. Puissant Sauveur! tu te rappelles
   Que tu promis d'être en tout lieu,
   Où quelques-uns de tes fidèles
   S'assemblent au nom de leur Dieu.

Nous sommes donc devant ta face :
Oui, tu nous vois, tu nous entends ;
Ah ! que le regard de ta grâce
Repose sur nous, tes enfants !

3. Quoi ! je me trouve en ta lumière !
Tes yeux, ô mon Dieu, sont sur moi ;
Ton oreille entend ma prière
Et mon chant monte jusqu'à toi !
Oh ! quels transports donne à mon âme
Le sentiment de ta bonté !
Ah ! que mon cœur aussi s'enflamme
Des saints feux de la charité.

4. Oui, dans mon âme je t'adore,
Mon Dieu, mon Seigneur, mon rocher !
Je t'ai cherché, je veux encore
De ton regard me rapprocher.
Quel autre au ciel pourrait me plaire
Que toi, mon fidèle Sauveur !
Quel autre pourrait sur la terre
Répondre aux besoins de mon cœur.

CANTIQUE 12. (Rhythme 11.)

1. Ah ! laissez-moi, terrestres joies !
C'est en Jésus qu'est mon plaisir.
Il m'a tiré des sombres voies
Où loin de lui j'allais périr.

2. Le monde n'est que convoitise,
Tourment d'esprit et vanité ;
Bientôt sa gloire sera mise
Dans l'éternelle obscurité.

3. Ah ! je le sais, car ma pauvre âme
Longtemps erra loin du Seigneur,
Et du péché l'impure flamme
Séduisit et souilla mon cœur.

4. Alors en paix je croyais être,
Et je vantais mon heureux sort ;
Mais mon Sauveur m'a fait connaître
Que cette paix était la mort.

5. Non, cher Sauveur, ce n'est pas vivre
   Qu'être éloigné de ton regard;
   Il faut t'aimer, il faut te suivre
   Pour posséder la bonne part.

6. Aussi toujours, mon Dieu, mon Père,
   Je veux te suivre par la foi,
   Et je trouverai sur la terre
   Le vrai repos qui n'est qu'en toi.

CANTIQUE 13.* (RHYTHME 2).

1. Je la connais, cette joie excellente
   Que ton Esprit, Jésus, met dans un cœur;
   Je suis heureux, oui, mon âme est contente,
   Puisque je sais qu'en toi j'ai mon Sauveur.

2. Tu m'as aimé, moi, vile créature,
   Jusqu'à t'offrir en victime pour moi;
   Ton propre sang a lavé ma souillure,
   Et par ta mort je suis vivant pour toi.

3. Que puis-je donc désirer sur la terre,
   Puisque je suis l'objet de ton amour;
   Puisque ta grâce, ô Sauveur débonnaire!
   Dès le matin me prévient chaque jour.

4. Si je rencontre en mon pèlerinage,
   En mon sentier l'épreuve et le chagrin,
   Puis-je oublier, durant ce court passage,
   Que ton enfant n'est pas un orphelin?

5. Quoi! mon Sauveur! c'est toi, c'est ta tendresse,
   Qui me conduit pas à pas sous tes yeux;
   Et je pourrais gémir dans la tristesse,
   En m'approchant du beau séjour des cieux!

6. Ah! que mon âme, en parcourant sa voie,
   S'égaye, ô Dieu! dans ta communion!
   Oui, que mon cœur, plein de force en ta joie,
   Soit pénétré de ta sainte onction!

CANTIQUE 21.* (Rhythme 34.)

1. Je chanterai, Seigneur, tes œuvres magnifiques,
   Ton auguste pouvoir, ta suprême grandeur ;
   Aux concerts de tes saints j'unirai les cantiques,
   Que pour toi me dicte mon cœur. *(bis)*

2. Oh ! que de l'Éternel la parole est féconde !
   L'univers fut jadis l'ouvrage de sa voix.
   Il dit : les éléments, le ciel, la terre et l'onde,
   Du néant sortent à la fois. *(bis)*

3. Le monde passera : ce superbe édifice
   Un jours s'ébranlera jusqu'en ses fondements.
   Ta sagesse, grand Dieu ! ta bonté, ta justice
   Subsisteront dans tous les temps. *(bis)*

CANTIQUE 24. (Rhythme 92.)

1. Le Fils de Dieu, sainte et pure victime,
   S'offre au Très-Haut pour expier le crime.
   Sans cesse, en son amour, il daigne ouvrir son cœur,
   Aux cœurs humbles, contrits, qui cherchent sa faveur.

2. Venez à moi, dit-il plein de tendresse :
   C'est à vous tous que mon cœur s'intéresse ;
   Êtes-vous surchargés ? je vous soulagerai !
   Êtes-vous opprimés ? je vous protégerai !

3. Divin Jésus, notre unique espérance,
   Contre l'enfer, tu prends notre défense ;
   Désarme l'ennemi, calme nos passions,
   Et répands dans nos cœurs tes bénédictions.

4. Toi qui régis les cieux, la terre et l'onde,
   Et qui d'un mot a créé ce grand monde ;
   Écoute, ô Rédempteur, de ton trône éternel,
   Nos soupirs et nos vœux en ce jour solennel !

5. O notre Ami, notre unique refuge,
   Notre avocat, bien plus que notre juge !
   De ton trône d'amour dont nous nous approchons,
   Répands, répands sur nous tes bénédictions !

6. Oui, tu réponds, en ta bonté suprême,
   Pour nous montrer combien ton cœur nous aime;
   Tu fais voir à nos yeux ta divine splendeur,
   En nous donnant accès auprès de toi, Seigneur !

CANTIQUE 26. (Rhythme 77.)

1. Levons-nous, frères, levons-nous,
   Car voici notre Maître !
   Il est minuit ! Voici l'époux :
   Jésus-Christ va paraître. *(bis)*

2. Avec les siens, il vient régner,
   Et délivrer l'Eglise ;
   Bientôt il va la couronner
   De la gloire promise. *(bis)*

3. Ne crains donc point, petit troupeau,
   Toi que chérit le Père ;
   Que toujours la croix de l'Agneau
   Soit ta seule bannière ! *(bis)*

4. Et si le monde est contre toi,
   Ses mépris sont ta gloire ;
   L'amour, l'espérance et la foi
   Te donnent la victoire. *(bis)*

5. Gloire à toi, Jésus, mon Sauveur !
   Car en toi seul j'espère.
   Heureux celui qui dans son cœur
   T'adore et te révère ! *(bis)*

CANTIQUE 30. (Rhythme 95.)

1. Ah ! pourquoi l'amitié gémirait-elle encore
   Sur ceux qui dans l'exil comme nous dispersés,
   D'un jour consolateur ont vu briller l'aurore,
   Et que vers Canaan Dieu lui-même a poussés !
   Affranchis avant nous du mal qui nous dévore,
   Ils ne sont pas perdus, ils nous ont devancés. *(bis)*

2. Oh! combien ici-bas pesait à leur faiblesse
  Ce fardeau de chagrins, sur leur tête amassés!
  Et que leur pauvre cœur comptait avec tristesse
  Tant d'heures, tant de jours, dans la douleur passés!
  Nouveaux-nés de la tombe, et parés de jeunesse,
  Ils ne sont pas perdus, ils nous ont devancés. *(bis)*

3. Qu'il est doux, dans les cieux, le réveil des fidèles!
  Qu'avec ravissement, autour de Dieu pressés,
  Ils unissent au son des harpes immortelles
  Les hymnes de l'amour ici-bas commencés.
  Amis, joignons nos voix à leurs voix fraternelles :
  Ils ne sont pas perdus, ils nous ont devancés. *(bis)*

4. Le péché ni la mort ne saurait les atteindre
  Dans la haute retraite où Dieu les a placés!
  Leur tranquille regard contemple, sans les craindre,
  Sous les pas des humains, tant de piéges dressés.
  Leur bonheur est au comble, et nous pourrions les plaindre!
  Ils ne sont pas perdus, ils nous ont devancés. *(bis)*

5. Puisse la même foi qui consola leur vie,
  Nous ouvrant les sentiers que leurs pas ont pressés,
  Diriger notre essor vers la sainte patrie,
  Où leur bonheur s'accroît de leurs travaux passés,
  Et rendre à notre amour ces cœurs dignes d'envie,
  Qui ne sont pas perdus, mais nous ont devancés. *(bis)*

6. Quand le bruit de tes flots, l'aspect de ton rivage,
  O Jourdain! nous diront : Vos travaux sont cessés!
  Au pays du salut, conquis par son courage,
  Jésus nous recevra, triomphants et lassés,
  Près de ces compagnons d'exil et d'héritage,
  Qui ne sont pas perdus, mais nous ont devancés. *(bis)*

CANTIQUE 34. (Rhythme 13.)

1. Tenez vos lampes prêtes,
  Vierges préparez-vous,
  Pour l'heure où les trompettes
  Annonceront l'époux!

Qu'à répondre on s'empresse,
Hosanna! Hosanna!
Et qu'avec allégresse
On chante Alléluia!

CANTIQUE 45. (RHYTHME 11.)

1. Viens, ô Créateur de nos âmes,
Esprit saint, Dieu de vérité!
Remplis nos cœurs des pures flammes
De ton ardente charité.

2. Visite-nous, Dieu de lumière,
Esprit de consolation,
Don du Très-Haut, feu salutaire,
Amour et divine onction!

3. Verse sur nos sens tes lumières,
Verse ton amour dans nos cœurs,
Prête l'oreille à nos prières,
Et comble-nous de tes faveurs.

CANTIQUE 60.* (RHYTHME 5.)

1. Ah! que je ne sois pas comme un rameau stérile
Qui, séparé du tronc, doit périr desséché;
Mais que je sois, ô Dieu, comme un sarment fertile
Qu'aucun vent d'aquilon n'a du cep arraché.

2. Demeure en moi, Jésus, et qu'en toi je demeure,
Trouvant dans ton amour le plus fort des liens,
Portant beaucoup de fruits, chaque jour, à chaque heure,
Et renonçant à tout pour jouir des vrais biens.

3. Celui qui croit en toi, ta bouche le déclare,
Accomplira, Seigneur, les œuvres que tu fis.
Je crois, et d'où vient donc que mon âme s'égare
Si loin du droit sentier que toujours tu suivis?

4. Hélas! c'est que souvent je tourne vers le monde
Des yeux qui ne devraient s'arrêter que sur toi!

*

Ne me retranche pas, non, Seigneur, mais émonde,
Pour que j'apprenne mieux à pratiquer ta loi.

5. Toutefois que jamais mon cœur ne se confie
En mes pas chancelants pour arriver au but;
Car tu donnas pour moi, divin Jésus, ta vie,
Et c'est mon seul espoir de paix et de salut.

CANTIQUE 63. (Rhythme 9.)

1. Dans l'abîme de misères,
Où j'expirais loin de toi,
Ta bonté, Dieu de mes pères,
Descendit jusques à moi.
Tu parlas, mes yeux s'ouvrirent :
A mes regards éperdus,
Tes secrets se découvrirent;
J'étais mort et je vécus !

2. Mais ma vie est faible encore,
Et je sens jusqu'à ce jour
Dans ma foi, qui vient d'éclore,
Plus de craintes que d'amour.
D'un passé qui m'humilie
J'entretiens mon souvenir;
Je me contemple, et j'oublie
Le Dieu qu'il faudrait bénir.

3. O Dieu ! s'il faut qu'on te craigne,
Tu veux surtout être aimé;
Être aimé, voilà ton règne;
Ta gloire, c'est d'être aimé.
Qui ne t'aime, ô Dieu fidèle,
Foule d'un pied révolté
La loi sainte et paternelle
De la céleste cité.

4. Plus haut que toute pensée
Ta main étendit les cieux;
Tu veux : leur voûte embrasée
Se peuple de nouveaux feux.

Mais privés d'aimer, de croire,
Tous ces cieux et leur splendeur
Ne valent pas pour ta gloire
Un seul soupir d'un seul cœur.

5. Esprit du Dieu que j'adore,
Augmente en moi ces soupirs ;
Ces feux qui n'ont point encore
Transformé tous mes désirs.
Qu'à l'amour mon cœur se livre,
Et qu'il répète à jamais :
Aimer, aimer, voilà vivre !
Fais-moi vivre, ô Dieu de paix !

CANTIQUE 64. (RHYTHME 2.)

1. C'est toi, Jésus, que recherche mon âme.
A te trouver se bornent mes souhaits ;
C'est ton regard que sur moi je réclame ;
Rends-moi, Seigneur, rends-moi ta douce paix.

2. Jadis j'errais dans les sentiers du monde,
Ne connaissant ni ton nom, ni ta loi.
Tu me cherchas en cette nuit profonde,
Et ton amour m'en tira par la foi.

3. Depuis ce jour ta longue patience
A supporté mes nombreuses tiédeurs.
Je t'ai quitté, mais toujours ta clémence
A prévalu sur mes folles erreurs.

4. Pourquoi trouvé-je en moi tant de faiblesses ?
Pourquoi toujours des langueurs, des ennuis ?
Ce n'est pas toi, Jésus, qui me délaisses,
Mais c'est moi seul, oui, c'est moi qui te fuis.

5. Prends donc pitié de ma longue misère,
Soumets mon cœur, brise sa dureté.
A Golgotha mon âme te fut chère :
Je compte, ô Dieu ! sur ta fidélité.

CANTIQUE 80. (Rhythme 3.)

1. Grand Dieu, nous te bénissons,
Nous célébrons tes louanges ;
Éternel ! nous t'exaltons,
De concert avec les anges ;
Et prosternés devant toi,
Nous t'adorons, ô grand Roi !　*(bis)*

2. Les saints et les bienheureux,
Les trônes et les puissances,
Toutes les vertus des cieux
Disent tes magnificences ;
Proclamant dans leurs concerts
Le grand Dieu de l'univers.　*(bis)*

3. Saint, Saint, Saint est l'Eternel,
Le Seigneur, Dieu des armées ;
Son pouvoir est immortel ;
Ses œuvres partout semées,
Font éclater sa grandeur,
Sa majesté, sa splendeur.　*(bis)*

4. Ton Église qui combat
Sur la terre répandue,
Et l'Église qui déjà
A la gloire est parvenue,
Entonne un chant solennel
A Jésus Emmanuel.　*(bis)*

5. Tu vins, innocent Agneau,
Souffrir une mort cruelle ;
Mais, triomphant du tombeau
Par ta puissance éternelle,
Tu détruisis tout l'effort
De l'enfer et de la mort.　*(bis)*

6. Tu sieds dans les plus hauts cieux,
A la droite de ton Père ;
Tu viendras dans ces bas lieux,
Ceint de gloire et de lumière,
Prononcer tes jugements
Sur les morts et les vivants　*(bis)*

7. Daigne à tes chers serviteurs
   Subvenir par ta clémence:
   Répands sur eux tes faveurs.
   Les dons de ta grâce immense;
   Rassemble ton peuple élu
   De toute langue et tribu. } *(bis)*

CANTIQUE 87. (Rhythme 2.)

1. Venez, chrétiens, et contemplons la gloire
   Du Rois des rois, du Monarque des cieux,
   Qui va jouir des fruits de sa victoire :
   Que ce spectacle est grand et glorieux !

2. Il monte au ciel porté sur une nue,
   Et tout en lui nous marque sa grandeur.
   Satan soumis, la mort même vaincue,
   Sont les captifs qui suivent ce Vainqueur.

3. Son char pompeux est précédé des anges,
   Qui, publiant ses merveilleux exploits,
   Font retentir dans les airs ses louanges,
   Et vers le ciel poussent ainsi leurs voix :

4. Ouvrez-vous, cieux, temple du Dieu suprême,
   Pour recevoir le Roi de l'univers :
   Le Saint des Saints, Celui que le Père aime,
   Et le Vainqueur du monde et des enfers.

5. C'est donc au ciel qu'est Jésus notre frère,
   Notre avocat, notre chef, notre époux,
   Le Rédempteur en qui notre âme espère :
   Ah ! quelle gloire et quel honneur pour nous !

6. Il est allé nous y préparer place,
   Et, de ce haut et bienheureux séjour,
   Il nous fait part de son Esprit de grâce,
   Et des effets de son plus tendre amour.

7. Suivons-le tous, animés d'un saint zèle ;
   N'arrêtons plus nos cœurs en ces bas lieux ;
   Ce Dieu Sauveur lui-même nous appelle,
   Et nos vrais biens sont cachés dans les cieux.

8. Un jour Jésus, du trône de sa gloire,
Viendra juger les vivants et les morts,
Et remporter sa dernière victoire
En ranimant la poudre de nos corps.

CANTIQUE 91. (RHYTHME 97.)

1. Chrétiens, chantons sans cesse
La bonté du Seigneur,
Qu'une sainte allégresse
Remplisse notre cœur.
Un salut éternel
Est descendu du ciel :
Nous avons un Sauveur. *(bis)*

2. Oh! bonheur ineffable!
Dieu n'est plus irrité.
Il pardonne au coupable
Contre lui révolté.
Pour porter nos forfaits,
Pour sceller notre paix,
Jésus s'est présenté. *(bis)*

3. Au trône de la grâce
Si nous levons les yeux,
Nous rencontrons la face
D'un Sauveur glorieux.
Il est notre avocat;
Pour les siens il combat
Toujours victorieux. *(bis)*

4. Dans le livre de vie
Il a placé nos noms,
Sans cesse il nous convie
A savourer ses dons.
Gardés par son pouvoir,
Nourris d'un saint espoir,
En paix nous cheminons. *(bis)*

5. Bientôt, vêtu de gloire,
Du ciel il reviendra,
Consommant sa victoire,
Il nous affranchira.
Oui, son heureux enfant,
Avec lui triomphant,
Tel qu'il est le verra. *(bis)*

6. Oh! charité suprême!
Partage des élus!
Le Rédempteur nous aime!
Que nous faut-il de plus?
Ah! toujours, en retour
D'un si fidèle amour,
Publions ses vertus. *(bis)*

CANTIQUE 100. (RHYTHME 41.)

1. Sur toi, Sauveur, qui se fonde,
Peut au péché résister;
L'effort du monde,
Pour le tenter,
Est comme une onde ⎱ *(bis)*
Contre un rocher. ⎰

2. Quelle est, ô Dieu, la puissance
   D'un seul désir d'un penchant !
      Sans vigilance,
      Le plus vaillant
      Tombe et t'offense, } *(bis)*
      En un moment.

3. Oh ! qui pourra d'un vrai zèle
   Suivre, Jésus, tous tes pas ?
      L'âme fidèle
      Qui n'aime pas
      Ce qu'on appelle } *(bis)*
      Gloire ici-bas.

4. Rends-moi ton joug plus facile,
   Et dans ton sein cache-moi :
      Dans cet asile
      Exempt d'effroi,
      Mon cœur tranquille } *(bis)*
      Vivra pour toi.

5. Qu'ainsi ma paix soit parfaite !
   Soit mon rocher, ô Dieu Fort !
      Dans la tempête
      Deviens mon port,
      Et ma retraite } *(bis)*
      Même en la mort.

CANTIQUE 101. (RHYTHME 11.)

1. L'Éternel seul est ma lumière,
   Ma délivrance et mon appui ;
   Qu'aurai-je à craindre sur la terre,
   Puisque ma force *est toute en lui. (bis)*

2. Pour m'assaillir, quand une armée
   Autour de moi se camperait,
   Sans effroi, sans être alarmée,
   Mon âme en Dieu *s'assurerait. (bis)*

3. Son bras puissant, à ma requête,
   Un prompt secours me fournira,

Et dans le fort de la tempête
Sur un rocher *m'élèvera. (bis)*

4. Réponds-moi donc, j'attends ta grâce,
Seigneur, exauce ton enfant!
Tu me dis de chercher ta face,
Et je la cherche, *ô Dieu vivant! (bis)*

5. Seigneur, enseigne-moi ta voie!
A mes pieds dresse le chemin ;
Qu'en pleine paix chacun me voie
Marcher appuyé sur ta main.
oui, sur ta main.

6. Si je n'eusse eu la ferme attente
Que Dieu, répondant à mon cri,
Soutiendrait mon âme souffrante,
Dans mon chagrin *j'eusse péri. (bis)*

7. Oui, je verrai la délivrance
Que mon Sauveur m'accordera ;
Aussi mon cœur plein d'assurance
En l'attendant *s'affermira. (bis)*

CANTIQUE 105. (Rhythme 32.)

1. O Seigneur, viens en ce jour,
Du doux feu de ton amour, *(bis)*
De nouveau remplir nos âmes!
En nos cœurs viens habiter, *(bis)*
Viens pour les purifier
De tout penchant que tu blâmes.

2. Que t'adorer, te servir,
Soit notre unique plaisir, *(bis)*
Notre glorieux partage!
Que ta paix, puissant Sauveur! *(bis)*
Du mal garde notre cœur
En notre pèlerinage!

3. En tout point suivre ta loi,
Ne rien faire que pour toi, *(bis)*

Toujours chercher à te plaire ;
Ne désirer ici-bas *(bis)*
Que te suivre pas à pas,
Oh ! c'est le ciel sur la terre !

CANTIQUE 106. (RHYTHME 3.)

1. Sauve ton peuple, Seigneur,
Et bénis ton héritage !
Que ta gloire et ta faveur
Soient à jamais son partage !
Conduis-le par ton amour
Jusqu'au céleste séjour.   } *(bis)*

2. Nous voulons te célébrer,
Et consacrer notre vie
A louer, à publier
Ton nom, ta grâce infinie !
Viens nous remplir dès ce jour
Des flammes de ton amour.   } *(bis)*

3. Veuille exaucer nos soupirs !
Seigneur Jésus, fais-nous grâce !
Veuille accomplir nos désirs ;
Fais briller sur nous ta face !
Notre espérance est en toi,
En toi, Jésus, notre Roi !   } *(bis)*

4. Parais, lion de Juda !
Montre-toi, Dieu de clémence !
Quel mortel résistera
A ta force, à ta puissance ?
Puisse-tu fendre les cieux
Et descendre en ces bas lieux !   } *(bis)*

5. Puisse ton règne de paix
S'étendre par tout le monde !
Dès maintenant à jamais,
Que sur la terre et sur l'onde
Tous genoux soient abattus
Au nom du Seigneur Jésus !   } *(bis)*

6. Gloire soit au Saint-Esprit !
Gloire soit à Dieu le Père !
Gloire soit à Jésus-Christ,
Notre époux et notre Frère !
Son immense charité
Dure à perpétuité.　　　} *(bis)*

CANTIQUE 127. (RHYTHME 9.)

1.

Qu'ils sont beaux sur les montagnes,
Les pieds de tes serviteurs,
Qui parcourent les campagnes,
Prêchant la grâce aux pécheurs !
O délicieuse vie
D'un serviteur de Jésus,
Qui pour son Maître s'oublie
En annonçant ses vertus !

2.

Libre de toute autre chaîne,
Le chrétien qui sert son Dieu,
Dans la souffrance et la peine,
Suit son modèle en tout lieu.
Il faut qu'en vivante offrande
Il s'offre pour son Sauveur :
C'est là ce que Dieu demande
D'un fidèle serviteur.

3.

Ministres de l'alliance,
Sacrificateurs et rois,
Prêchons de Dieu la clémence
Du Christ la mort sur la croix !
Disons au cœur débonnaire
Que Christ est sa guérison,
Et que sa mort salutaire
A payé notre rançon.

4.

Annonçons au cœur timide,
Au pécheur contrit, brisé,
Que Christ fait d'un cœur aride
Un cœur de grâce arrosé.
Un prédicateur s'abuse,
S'il prêche un autre Sauveur ;
Anathème à qui refuse
De l'annoncer au pécheur !

CANTIQUE 131. (RHYTHME 53.)

Psaume 138.

1. Il faut grand Dieu que de mon cœur
La sainte ardeur, — Te glorifie,
Qu'à toi tes mains et de la voix
Devant les rois — Je psalmodie.
J'irai t'adorer, ô mon Dieu !
En ton saint lieu — D'un nouveau zèle ;
Je chanterai ta vérité,
Et ta bonté toujours fidèle.

2. Si mon cœur, dans l'adversité,
    Est agité, — Ta main m'appuie ;
C'est ton bras qui sauve des mains
    Des inhumains — Ma triste vie.
Quand je suis le plus abattu,
    C'est ta vertu — Qui me relève ;
Ce qu'il t'a plu de commencer,
    Sans se lasser — Ta main l'achève.

CANTIQUE 133. (RHYTHME 9.)

1.

Compagnons, dans la souffrance,
Dans la tribulation,
Ranimons notre espérance
Dans le grand Roi de Sion ;
Combattons sous ses auspices,
Et bientôt nos cœurs blessés,
Guéris par ses mains propices,
Oubliront leurs maux passés.

2.

Sa grâce adoucit la peine
Du cœur le plus abattu,
Et sa bonté souveraine
Nous soutient par sa vertu.

Lorsque environné de gloire,
Le Sauveur apparaîtra,
Pour sa dernière victoire
Il nous ressuscitera.

3.

Consolons-nous dans l'attente
De ce moment glorieux,
Et dans une paix constante
Marchons toujours vers les cieux ;
Poursuivons notre carrière,
Dieu nous soutient jusqu'au bout :
La foi, jointe à la prière,
Au nom du Christ obtient tout.

CANTIQUE 139. (RHYTHME 73.)

1. Faible chrétien, pourquoi traîner encore
    Ce bout de chaîne à tes pieds attaché ?
    L'Agneau de Dieu, que tout fidèle adore,
    Ne pourrait-il t'affranchir du péché ?
    Oui, mais voici, quand ta bouche l'implore,
    Quelque interdit en ton cœur est caché.

2. Faible chrétien, ton antique servage
    A conservé trop d'empire sur toi :
    Des mets d'Egypte, au milieu du voyage,
    Les souvenirs ont ébranlé ta foi :

Tu ne t'es point dévoué sans partage
A Jésus-Christ, ton Sauveur et ton Roi.

3. Faible chrétien, dans ta marche incertaine,
Tu vas courir de faux pas en faux pas ;
Dans tes efforts, ton espérance est vaine :
Tu périras, si la chair est ton bras.
Lève les yeux ! la grâce souveraine
Descend du Christ, qui seul ne trompe pas.

4. Faible chrétien, toujours faible en toi-même,
Mais de tout mal vainqueur par Jésus-Christ,
Vole au combat par la vertu suprême
Du bon Sauveur, dont la droite te prit
Pour témoigner, dans un enfant qu'il aime,
Tout ce que peut opérer son Esprit.

5. Faible chrétien, va donc à la victoire,
Le juste Juge en son trône est assis ;
Les yeux fixés sur l'immortelle gloire,
Cours, et bientôt tu recevras le prix,
Puisque le Père a toujours en mémoire,
Pour ton salut, les souffrances du Fils.

CANTIQUE 140. (Rhythme 5.)

1. Plein des plus beaux objets le cœur se trouve vide ;
Il n'en saurait tirer qu'un bonheur imparfait ;
Rien ne pourra remplir son fond toujours avide
Que la seule beauté pour laquelle il est fait. *(bis)*

2. Tous les plaisirs du siècle et toutes ses caresses,
La pompe et la grandeur des trônes réunis,
Toutes les voluptés et toutes les richesses
Sont des biens trop bornés pour des vœux infinis. *(bis)*

3. Les fleuves enrichis du tribut des fontaines
Portent à l'Océan leurs eaux sans le grossir ;
Le torrent tout entier des délices humaines
Dans l'abîme du cœur se perd sans le remplir. *(bis)*

4. Mon cœur a-t-il en vain cette grandeur immense ?
   C'est toi seul, ô mon Dieu, qui réponds à ma foi !
   Je vois que ton amour, je sens que ta puissance
   En le faisant si grand, ne le fit que pour toi ! *(bis)*

5. Brise, ô Dieu ! les liens où mon âme captive
   Entre le monde et toi partage ses soupirs ;
   Et dirige mes pas vers la source d'eau vive,
   Qui peut seule étancher la soif de mes désirs. *(bis)*

6. Comme un cerf altéré pour les ondes soupire,
   Et comme un terrain sec attend les eaux des cieux,
   Ainsi, Seigneur, ainsi, mon âme te désire.
   Ah ! dissipe la nuit qui te cache à mes yeux. *(bis)*

CANTIQUE 141. (Rhythme 42.)

1. O Dieu de vérité, pour qui seul je soupire !
   Unis mon cœur à toi par de forts et doux nœuds.
   Je me lasse d'ouïr, je me lasse de lire.
         Mais non pas te dire :   ⎞ *(bis)*
         C'est toi seul que je veux. ⎠

2. Parle seul à mon âme, et que nulle science,
   Que nul autre docteur ne m'explique tes lois,
   Que toute créature en ta sainte présence
         S'impose le silence   ⎞ *(bis)*
         Et laisse agir ta voix. ⎠

CANTIQUE 152. (Rhythme 14.)

1. Mon âme, en doux transports fais éclater ta joie.
         Oui, devant mon Sauveur,
   Aux saints enfants de Dieu qu'aujourd'hui l'on me voie
         Raconter mon bonheur *(bis)*

2. Jésus, le bon Berger, me tient sous sa houlette,
         Et je connais sa voix.
   Je suis en son amour et ma paix est parfaite
         Au sentier de ses lois. *(bis)*

3. Dès que j'élève à lui ma fervente prière,
   Du ciel il me répond,
   Et mon âme aussitôt dans sa douce lumière
   Trouve un calme profond. *(bis)*

4. Si mon cœur est souffrant, bientôt il le console
   Par son puissant Esprit.
   Si j'ai quelque langueur, sa vivante parole
   Promptement me guérit. *(bis)*

5. Quel est donc mon désir et ma plus chère attente,
   O mon Roi! mon Seigneur!
   Ah! c'est que toujours plus par ta grâce puissante
   Tu règnes sur mon cœur. *(bis)*

CANTIQUE 155. (Rhythme 2.)

1. Que de douceur se trouve en ton service,
   O Fils de Dieu! que ton joug a d'attraits!
   Que de repos je puise en ta justice
   En te suivant aux sentiers de la paix!

2. Par ton regard et ta pure lumière,
   Tu me conduis vers la porte des cieux,
   Et par la foi déjà, sur cette terre,
   Tu mets en moi ton règne glorieux.

3. De ton Esprit le puissant témoignage
   Me fait goûter ta joie en ton amour,
   Et j'ai le sceau de ce riche héritage
   Qui m'appartient au céleste séjour.

4. Dans mes combats je reçois de ta grâce
   Un prompt secours, un sûr et tendre appui;
   Dans mes douleurs, la splendeur de ta face
   Vient puissamment dissiper mon ennui.

5. Oh! quel espoir! quelle attente ineffable!
   Dans peu de jours tu m'ouvriras ton ciel,
   Et dans ton sein, ô Sauveur charitable!
   Je jouirai du bonheur éternel.

CANTIQUE 164. (RHYTHME 2.)

1. Sainte cité, demeure ravissante,
Palais sacré qu'habite le grand Roi !
Où doit régner une paix permanente,
Quoi de plus doux que de penser à toi !

2. Dans tes parvis tout n'est plus d'allégresse,
Chants de triomphe, ineffables plaisirs ;
Là, plus de deuil, plus de maux, de tristesse ;
Là, plus d'ennuis, de langueurs, de soupirs !

3. Tes habitants ne craignent plus d'orage :
Ils sont au port, il y sont pour jamais ;
Un calme entier devient leur doux partage ;
Dieu dans leur cœur verse un fleuve de paix.

4. De quel éclat Jésus les environne !
Ah ! je les vois tout brillants de clarté ;
Rien ne saurait y flétrir leur couronne :
Leur vêtement est l'immortalité.

5. Pour eux, Seigneur, il n'est plus d'inconstance ;
Tout est soumis au joug de ton amour ;
L'affreux péché n'a plus là de puissance ;
Tout te célèbre en cet heureux séjour.

CANTIQUE 165. (RHYTHME 18.)

1. Soleil de justice,
Jésus, bon Sauveur,
Sois à tous propice,
Sauve le pécheur ;
Répands dans nos âmes
La paix, la santé,
Les ardeurs, les flammes
De la charité.

2. Fais bientôt paraître
Ton jour glorieux ;
En Sauveur et Maître
Triomphe en tous lieux !

Que ta connaissance
Couvre l'univers,
Comme l'onde immense
L'abîme des mers.

3. L'aurore commence
D'annoncer le jour
De la connaissance
Du Dieu plein d'amour.
Que son éclat vienne
Comme un jour des cieux ;
Que la nuit païenne
S'efface en tous lieux !

4. Sa grâce ineffable
   Amène le cœur
   Le plus indomptable
   Captif au Seigneur.
   Les peuples sauvages,
   Entendant sa voix,
   Rendent leurs hommages
   Au Sauveur en croix.

5. Gloire soit au Père,
   Qui s'est révélé ;
   Au Fils, notre Frère,
   Qui s'est immolé.
   A l'Esprit de grâce,
   Qui sur son troupeau
   Répand l'efficace
   Du sang de l'Agneau.

CANTIQUE 191.* (Rhythme 57.)

1. Je veux t'aimer, toi mon Dieu, toi mon Père,
      Mon Rédempteur, mon Roi !
   Je veux t'aimer, car la vie est amère
      Pour ton enfant sans toi. *(bis)*

2. Je veux t'aimer, ô Dieu plein de tendresse,
      Qui m'aimas le premier !
   Je veux t'aimer, soutien de ma faiblesse,
      Mon fort, mon bouclier. *(bis)*

3. Je veux t'aimer, source de toute grâce,
      Auteur de mon salut !
   Je veux t'aimer ! tourne vers moi ta face,
      Conduis-moi vers le but ! *(bis)*

4. Je veux t'aimer ! jamais celui qui t'aime
      Seul ne se trouvera.
   Je veux t'aimer ! c'est de ton amour même
      Que mon âme vivra. *(bis)*

5. Je veux t'aimer ! Que ta vive lumière
      Resplendisse à mes yeux !
   Je veux t'aimer, que ton œil tutélaire
      Veille sur moi des cieux ! *(bis)*

6. Je veux t'aimer, refuge de mon âme !
      Pendant les jours mauvais.
   Je veux t'aimer ! c'est toi que je réclame,
      Source de toute paix. *(bis)*

7. Je veux t'aimer! c'est le vœu de ma vie,
   Le besoin de mon cœur.
Mais, pour t'aimer, que jamais je n'oublie
   Le sang du Rédempteur! *(bis)*

CANTIQUE 194. (RHYTHME 28.)

1. A Celui qui nous a sauvés
   Et dont le sang nous a lavés,
   Soit empire et magnificence
   D'esclaves il nous a faits rois;
   Rendons à ses divines lois
   Une parfaite obéissance.

2. Célébrons tous la charité
   De ce Sauveur ressuscité,
   Et disons avec les saints anges :
   Digne est l'Agneau de recevoir
   Hommage, honneur, force, pouvoir,
   Gloire, richesses et louanges !

CANTIQUE 197. (RHYTHME 61.)

Agneau de Dieu! par tes langueurs,
Tu pris sur toi notre misère,
Et tu nous fis, à Dieu ton Père,
Et rois et sacrificateurs.
Ensemble aussi nous te rendons
Honneur, gloire et magnificence,
Force, pouvoir, obéissance,
Et dans nos cœurs nous t'adorons.
Amen ! Amen ! Seigneur ! Amen !

CANTIQUE 212. (RHYTHME 1.)

1. Oui, pour son peuple Jésus prie :
   Prêtons l'oreille à ses soupirs !
   Qu'à sa voix notre âme attendrie
   Réponde par de saints désirs.
   Dans les hauts lieux, brillant de gloire,
   Il est entré victorieux ;
   Et sur l'autel expiatoire
   Il offre son sang précieux.

2. Oui, pour mon âme Jésus prie,
Et sa requête jusqu'à moi,
Descend comme un fleuve de vie
Où s'abreuve ma sainte foi.
Du racheté doux privilége,
Je trouve au ciel un sûr garant,
Qui plein d'amour toujours assiége
Le tribunal du Dieu vivant.

3. Oui, pour nos âmes Jésus prie,
Dans cet instant, ô charité!
Il plaide, il intercède, il crie
Pour nous qui l'avons contristé!
A son enfant, auprès du Père,
Son cœur obtient un doux pardon,
Et pour l'aider dans sa misère
Sa voix réclame un nouveau don.

4. Oui, pour son peuple Jésus prie!
Bien-aimés, sans crainte approchez;
Il avance sa main meurtrie
Entre le ciel et vos péchés.
Oh! quel amour il nous témoigne;
Pour nous son œil jamais ne dort;
Qu'à sa requête aussi se joigne
De notre amour le saint transport.

5. Oui, pour son peuple, Jésus prie;
Satan, le monde vainement
Contre nous liguent leur furie:
Jésus combat fidèlement.
Sous le mépris, l'ignominie,
Ne craignons pas un vain assaut:
Que nous importe? Jésus prie!
La paix du cœur survient d'en haut.

CANTIQUE 221. (RHYTHME 49.)

1. Du rocher de Jacob toute l'œuvre est parfaite;
Ce que sa bouche a dit, sa main l'accomplira.
Alléluia! (4 fois.)
Car il est notre Dieu *(ter)*, notre haute retraite.

2. De tous nos ennemis il sait quel est le nombre.
Son bras combat pour nous et nous délivrera :
Alléluia ! (4 fois.)
Les méchants devant lui *(ter)* s'enfuiront comme une ombre.

3. Notre sépulcre aussi connaîtra sa victoire :
Sa voix au dernier jour nous ressuscitera.
Alléluia ! (4 fois.)
Pour nous, ses rachetés *(ter)*, la mort se change en gloire.

4. Louons donc l'Éternel, notre Dieu, notre Père !
Le Seigneur est pour nous ; contre nous qui sera?
Alléluia ! (4 fois.)
Triomphons en Jésus, *(ter)* et vivons pour lui plaire.

CANTIQUE 233. (Rhythme 77.)

1. Jour du Seigneur, — J'ouvre mon cœur
A ta douce lumière ;
Jour solennel, — A l'Éternel
Consacre ma prière.

2. Dieu tout-puissant ! — Dieu bienfaisant !
J'ai besoin de ta grâce ;
Éclaire-moi, — Soutiens ma foi :
Je viens chercher ta face.

3. Ta vérité, — Ta charité,
Brillent dans ta parole :
Seule elle instruit, — Guide et conduit
Notre âme et la console.

4. J'entends ta voix ; — Tes saintes lois
Ne sont pas difficiles ;
Viens les graver, — Les conserver
Dans des âmes dociles.

5. Que ton Esprit, — ô Jésus-Christ,
Habite dans notre âme ;
Que ton amour, — Et nuit et jour,
L'embrase de ta flamme.

CANTIQUE 241. (Rhythme 27.)

Psaume 84.

1. Roi des rois, Éternel, mon Dieu !
   Que ton tabernacle est un lieu
   Sur tous les autres lieux aimable !
   J'ai soif de tes biens immortels,
   De tes parvis, de tes autels,
   Et de ta présence adorable :
   Mon âme vers toi s'élevant,
   Cherche ta face, ô Dieu vivant.

2. O Dieu ! qui pais ton Israël,
   Et l'enrichis des biens du ciel,
   J'aimerais mieux en toutes sortes,
   Un jour chez toi, que mille ailleurs :
   Et je crois les emplois meilleurs
   Des simples gardes de tes portes,
   Que d'habiter chez le pécheur,
   Au sein de tout son vain bonheur.

3. Qui veut en toi se confier,
   T'a pour soleil, pour bouclier,
   Tu donnes la grâce et la gloire ;
   Tu couronnes l'intégrité
   D'honneur et de félicité
   Au delà de ce qu'on peut croire :
   Oh ! mille et mille fois heureux
   Celui qui t'adresse ses vœux.

CANTIQUE 252.* (Rhythme 79.)

1. Une bonne nouvelle
   Descend des cieux ;
   Pécheur, Jésus t'appelle,
   Lève les yeux.
   Chargé de ta misère,
   De tes péchés confus,
   Viens à Jésus, mon frère,
   Viens à Jésus !

2. Ce bon Jésus lui-même
   Te racheta ;
   Il montra comme il t'aime
   A Golgotha.
   Au sang qui purifie
   Les cœurs souillés, perdus,
   Que ton cœur se confie.
   Viens à Jésus !

3. Celui que Jésus lave
    De son péché,
  Au dur joug de l'esclave
    Est arraché.
  Jésus, qui te pardonne,
  Te dit : Ne pèche plus !
  Son Esprit il te donne ;
    Viens à Jésus !

4. De sa miséricorde
    Jésus fait don ;
  A qui croit il accorde
    Un plein pardon.

Hâte-toi, le temps passe,
Passe et ne revient plus !
Aujourd'hui jour de grâce,
  Viens à Jésus !

5. Oh ! que rien ne t'arrête,
    Viens à l'instant ;
  Ta délivrance est prête :
    Jésus t'attend.
  Dès qu'en lui tu veux croire,
  Tes péchés ne sont plus,
  Et tu peux chanter : Gloire,
    Gloire à Jésus !

CANTIQUE 253.* (Rhythme 80.)

1. Source féconde, — Salut du monde,
    Le sang du Christ est répandu.
  Ce divin Frère — Sur le Calvaire
    Est mort pour l'homme perdu.
  Oui, je puis croire, — Oui, je veux croire,
    Que Jésus-Christ est mort pour moi !
  Sa mort sanglante — Et triomphante
    Me rend libre par la foi.

2. En Jésus joie !— Il est la voie
    Qui nous mène toujours au but !
  Jésus pardonne, — Il n'est personne
    Qu'il repousse du salut.
  Oui, je puis croire, etc.

3. Ame flétrie, — Jésus convie
    Les méchants les plus dissolus ;
  Sa grâce immense — Donne assurance
    Au cœur qui croit en Jésus.
  Oui, je puis croire, etc.

4. Jour mémorable — Pour le coupable !
    Sur la croix au vil malfaiteur
  Jésus pardonne ! — Jésus lui donne
    Le ciel, l'éternel bonheur !
  Oui, je puis croire, etc.

5. Du Christ la fête — Est toujours prête,
   Le festin de noce est pour tous !
Entrez sans crainte, — De la voix sainte
   Écoutez l'appel si doux !
   Oui, je puis croire, etc.

CANTIQUE 255*. (RHYTHME 81.)

1. Tel que je suis, pécheur, rebelle,
   Au nom du sang versé pour moi ;
   Au nom de ta voix qui m'appelle,
   Jésus, je viens à toi.

2. Tel que je suis, dans ma souillure,
   Ne cherchant nul remède en moi ;
   Ton sang lave mon âme impure,
   Jésus, je viens à toi !

3. Tel que je suis, avec mes luttes,
   Mes craintes, ma timide foi,
   Avec mes doutes et mes chutes,
   Jésus, je viens à toi.

4. Tel que je suis, je me réclame
   De ta promesse, par la foi ;
   Au ciel tu recevras mon âme;
   Jésus, jé viens à toi !

5. Tel que je suis, Dieu me convie,
   Oh ! mon Sauveur, accepte-moi ;
   A toi, dans la mort, dans la vie.
   Jésus, je suis à toi !

CANTIQUE 265.* (RHYTHME 88.)

1. Jésus est notre ami suprême ;
   Oh ! quel amour !
Mieux qu'un tendre frère il nous aime ;
   Oh ! quel amour !
Ici, parents, amis, tout passe,
Le bonheur paraît et s'efface ;

Son cœur seul jamais ne se lasse :
Oh! quel amour!

2. Il est notre vie éternelle.
Oh! quel amour!
Célébrons son œuvre immortelle.
Oh! quel amour!
Par son sang notre âme est lavée;
Au désert il l'avait trouvée;
Dans son bercail il l'a sauvée.
Oh! quel amour!

3. Il s'est offert en sacrifice :
Oh! quel amour!
Nous bénir est tout son délice :
Oh! quel amour!
Qu'à sa voix notre âme attentive,
Toujours en paix, jamais craintive,
Près de son cœur doucement vive.
Oh! quel amour!

4. Rachetés en Christ!... plus de larmes!
Oh! quel amour!
De l'ennemi tombent les armes;
Oh! quel amour!
L'Église n'est plus condamnée;
Par son Rédempteur pardonnée,
A la gloire elle est destinée :
Oh! quel amour!

CANTIQUE 273. (Rhythme 5.)

1. Dès le matin, Seigneur, nos âmes te bénissent;
Au sortir du sommeil tu nous prends en tes bras.
Jamais, pour tes enfants, tes bontés ne tarissent,
Et ton amour pour nous ne se fatigue pas.

2. Nous réclamons de toi toute grâce excellente;
Nourris-nous aujourd'hui de ton céleste pain;
En ton puissant secours est toute notre attente;
Couvre-nous à jamais de l'ombre de ta main.

3. O toi qui nous aimas plus que ta propre vie,
   Et qui pour nous sauver souffris tant de douleurs !
   Donne-nous de t'aimer d'une ardeur infinie,
   Et de tous nos péchés viens délivrer nos cœurs.

4. Esprit de sainteté, sois notre unique guide,
   Sois notre conseiller, notre consolateur ;
   Qui se confie en toi ne sera point timide :
   Daigne augmenter en nous la force et la vigueur.

5. Nous sommes pèlerins, étrangers sur la terre,
   Et notre âme soupire après le saint séjour,
   C'est dans ton ciel, ô Dieu, notre Roi, notre Père !
   Que nous allons entrer, conduits par ton amour.

6. Garde-nous en ta paix, pendant notre voyage,
   Jusqu'au jour bienheureux où, loin de tous les maux,
   Nos âmes goûteront un bonheur sans nuage :
   Ah ! viens bientôt, Seigneur, nous prendre en ton repos.

CANTIQUE 279.* (RHYTHME 1.)

1. Sous ton voile d'ignominie,
   Sous la couronne de douleur,
   N'attends pas que je te renie,
   O Jésus, mon divin Sauveur !
   Mon œil, sous le sanglant nuage
   Qui me dérobe ta beauté
   A retrouvé de ton visage
   L'ineffaçable majesté.   *(bis)*

2. Jamais dans la sainte lumière,
   Jamais dans le repos du ciel,
   D'un plus céleste caractère
   Ne brilla ton front immortel ;
   Au séjour de la beauté même,
   Jamais ta beauté ne jeta
   Tant de rayons qu'au jour suprème   *(bis)*
   Où tu gravis le Golgotha.

3. Vous qui d'extase et de prière
   Remplissez vos jours infinis ,

Adorant le Fils dans le Père,
Aimant le Père dans le Fils,
Anges, au palais de la gloire,
Vous semblait-il plus radieux
Que sur ce bois expiatoire
Et sous la colère des cieux? } *(bis)*

4. Son supplice aujourd'hui consomme
Cette grandeur née au saint lieu,
Et l'opprobre du Fils de l'homme
Est la gloire du Fils de Dieu.
« Je suis amour », a dit le Père ;
Et, quittant le divin séjour,
Jésus-Christ vient dire à la terre : } *(bis)*
« Je suis son Fils, je suis amour. »

5. Il est amour, il est Dieu même,
Le Dieu par qui Dieu nous bénit,
Le Dieu qu'on voit, le Dieu qu'on aime,
Dieu par qui l'homme à Dieu s'unit.
Où donc est la gloire sublime
Plutôt qu'en ce terrible lieu
Où mon Dieu se fait ma victime, } *(bis)*
Où je trouve un Frère en mon Dieu?

6. L'amour est la grandeur suprême,
L'amour est la gloire du ciel,
L'amour est le vrai diadème
Du Très-Haut et d'Emmanuel.
Loin de moi, vision grossière
De grandeur et de dignité !
Comme au ciel, il n'est sur la terre } *(bis)*
Rien de grand que la charité !

7. Amour céleste, je t'adore !
Mon esprit a vu ta grandeur ;
Il te connaît : mon cœur t'ignore ;
Viens remplir, viens changer mon cœur.
Clarté, joie et gloire de l'âme,
Paradis qu'on porte en tout lieu,
Viens, dans ce cœur qui te réclame, } *(bis)*
Fleurir sous le regard de Dieu !

8. Que sur tes yeux, ô divin Frère,
   Mes yeux, attachés nuit et jour,
   Y boivent la douce lumière,
   La douce flamme de l'amour.
   Mêle ta vie avec ma vie,
   Verse tout ton cœur dans mon cœur
   Détruis dans mon âme ravie   } (*bis*)
   Tout autre désir de bonheur !

CANTIQUE 303. (RHYTHME 14.)

1. Que mon cœur vive en toi, voilà ma seule envie,
          O Jésus que je sers !
   Et ma langue dira la louange infinie
          Du roi de l'univers. (*bis*)

2. Veuille donc m'accorder de ta grâce attendue
          La puissante faveur ;
   Fais promptement **régner** dans mon âme abattue
          Ta paix et ta vigueur. (*bis*)

3. Remplis de l'Esprit saint ce cœur qui te désire,
          Et qu'à mon dernier jour,
   Dans tes bras, mon Sauveur ! je m'endorme et j'expire,
          Brûlé de ton amour ! (*bis*)

4. O mon unique espoir ! ô ma vie ! ô ma joie !
          O bonheur des élus !
   Qu'en mon infirmité ta vertu se déploie :
          Possède-moi, Jésus ! (*bis*)

CANTIQUE 310.* (RHYTHME 98.)

1. Ta paix, ô mon Sauveur ! est mon heureux partage ;
   Aussi puis-je t'offrir, d'un cœur reconnaissant,
       L'humble et fidèle hommage, } (*bis*)
       Que te doit ton enfant.

2. Dans ta communion j'ai la parfaite joie ;
   Je trouve tout repos en ton puissant amour :

> C'est par lui que ma voie } (*bis*)
> S'embellit chaque jour.

3. Du pouvoir du péché mon âme est affranchie ;
Et, sous ton doux regard, par ta fidélité,
> Je la vois enrichie } (*bis*)
> Des dons de ta bonté.

4. Ta parole soutient la céleste espérance
Que par ton Saint-Esprit je sens vivre en mon cœur.
> Et ma ferme assurance } (*bis*)
> Se fonde en toi, Seigneur !

5. Hâte donc vers le ciel mon terrestre voyage !
Comme un sûr gardien demeure près de moi !
> Qu'en mon pèlerinage } (*bis*)
> Je te suive avec foi !

CANTIQUE 319. (RHYTHME 5.)

1. Parle, parle, Seigneur, ton serviteur écoute ;
Je dis, ton serviteur, car enfin, je le suis ;
Je le suis, je veux l'être et marcher dans ta route, } (*bis*)
Et les jours et les nuits.

2. Donne-moi ton Esprit, que me fasse comprendre
Ce qu'ordonnent de moi tes saintes volontés ;
Et réduis mes désirs au seul désir d'entendre } (*bis*)
Tes hautes vérités.

3. Mais désarme d'éclairs ta divine éloquence ;
Fais-la couler sans bruit jusqu'au fond de mon cœur :
Qu'elle ait de la rosée et la vive abondance } (*bis*)
Et l'aimable douceur.

4. Quoique tu sois le seul qu'ici-bas je redoute,
C'est toi seul qu'ici-bas mon âme veut ouïr :
Parle donc, ô mon Dieu ! ton serviteur écoute, } (*bis*)
Et te veut obéir.

5. Parle, parle, Seigneur ! en ton amour fidèle,
Pour écouter ta voix je réunis mes sens,
Et trouve les douceurs de la vie éternelle } (*bis*)
En tes divins accents.

CANTIQUE 322.* (RHYTHME 100.)

1.

Dans la patrie éternelle,
Le repos enfin m'attend ;
Jésus l'a pour moi, rebelle,
Conquis au prix de son sang.
Jésus, Jésus m'y convie ;
Il promet après la vie,
Dans mon heureuse patrie,
   Le repos pour moi.
Au péché je suis en butte ;
Là, plus de mal, plus de chute,
Le repos après la lutte,
   Le repos pour moi.

2.

Jamais douleurs ni tristesse
Ne seront près du Sauveur ;
Tout sera chant d'allégresse,
Gloire, sainteté, bonheur.
Jésus, Jésus m'y convie, etc.

3.

Je verrai de Christ la gloire,
Et la mort ne sera plus ;
Triomphant par sa victoire,
Je m'envole vers Jésus.
Jésus, Jésus m'y convie, etc.

4.

Chantons, éclatons de joie,
Heureux hérétiers du ciel.
Car au terme de la voie
Est un repos éternel.
Jésus, Jésus m'y convie, etc.

CANTIQUE 340.* (RHYTHME 106.)

De la divinité, plénitude ineffable,
De puissance et d'amour, trésor *inépuisable, (bis)*
   Gloire du ciel, *(bis)*
   Emmanuel ! *(bis)*
A genoux dans ta paix, ton Église bénie
   T'adore et s'humilie. *(ter)*

Paris. — Typ. de Ch. Meyrueis, rue Cujas, 11. — 1866.